불교 전통수행법
관선무

관선무 관주이신
은사 양익兩翼 큰스님

靈觀門
身空不二
口假不二
意中不二
歸一光靈
光靈大道

鍊功門
鍊精化氣
鍊氣化神
鍊神返虛

觀禪武

불교 전통수행법

— 광원 엮음 —

운주사

如 是

入此門內 莫存知解

三法修行 即身成佛

百聞 不如一見

千見 不如一行

萬行 不如一得

觀禪武 同門會長 仁 杰 合掌

호법선신이 옹호하듯

불가의 전통수행 관선무는 수행자의 신심을 맑고 강건하게 지키는 수련으로서, 이번에 포교의 일환으로 교본을 발간하게 됨을 먼저 기쁘게 생각합니다.

새로운 포교의 구상은 언제나 불교의 영역을 확대해 나가는 계기가 됩니다. 대립과 갈등, 욕망과 허상, 교만과 비굴 등 인간의 모든 본질적인 어리석음으로 인하여 신심이 맑고 건강하지 못한 현대인들에게, 정적이면서도 동적인 관선무는 마음을 밝히고 신체를 건강하게 만들어 개인은 물론 밝은 가정과 사회를 만들 수 있으리라 봅니다.

불교에는 불법을 수호하는 건달바, 긴나라 등 여러 호법선신이 있어서 옹호하듯이 오늘날 한국 불가에는 관선무와 같은 전통 관법수행이 전해 내려와 불교를 홍포하고 수호하며 모든 중생을 계도하여 피안의 세계에 인도하기를 또한 바랍니다.

"하늘에서는 꽃비 내리고 땅에서는 만물이 소생하니 부처님이 기뻐하시고 선신이 환희하십니다. 관선무를 벗 삼아서 중생은 번뇌 잊고 아수라는 싸움 멈추니 온세상이 그대로 극락정토 이루고 있습니다."

칠보사 조실 姜昔珠 합장

차례 Contents
修 行 大 觀

오체유관 五體柔觀 —9

오체강관 五體剛觀 —33
   1) 장공掌功 —35
      장掌 지르기 · 장족掌足 앞차기 · 장족 옆차기
   2) 권공拳功 —59
      권족拳足 앞차기 · 권족 옆차기 · 권족 뒷차기 · 권족 지지地치기
   3) 회공回功 —74
      회족回足: 돌려차기 · 비회공 · 양족 앞차고 옆차기

영정입관 靈靜立觀 —95

영동입관 靈動立觀 —109
   1) 호랑이虎자세 —112   2) 용龍자세 —115
   3) 사슴鹿자세 —118   4) 원숭이猿자세 —119
   5) 곰熊자세 —121   6) 거북이龜자세 —125
   7) 학鶴자세 —127

영정좌관靈靜座觀 −129

1) 좌관발공座觀發功 − 131
2) 본공本功 영정좌관 − 134
3) 회공回功 − 145

영동좌관靈動座觀 − 149

영정행관靈靜行觀 − 185

1) 행行 − 188
2) 주住 − 196
3) 좌坐 − 203
4) 와臥 − 208
5) 어語 − 213
6) 묵默 − 217
7) 동動 − 226
8) 정靜 − 240
9) 반返 − 249
10) 공空 − 261

감사의 글 − 269

五오體체 柔유 觀관

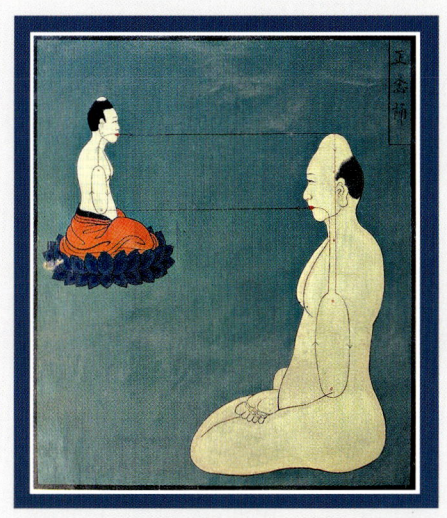

　관법(觀法)에서 오체(五體)란 팔, 다리, 배, 등, 머리 다섯 부분을 말하며 신체의 형위(形位)에 따라 적절한 호흡과 동시에 늘려 벌리기, 굽히기, 두드리기, 누르기, 꺾기, 맛사지 및 구르기 등으로 관절과 근육 신경을 이완, 유화시키는 수련법을 유관(柔觀＝柔法)이라 한다.
　의지를 주입하여 결합, 조화, 통일, 안정, 해탈을 목표로 심신(心身)을 합리적으로 수행한다. 의식적으로 하나의 행위를 조건 반사화하도록 의지로써 꾸준히 반복하면 능력이 자기화하여 몸도 마음도 부드럽게 될 수 있다.
　이 수련법은 본 금강영관(金剛靈觀)에서 가장 기초가 되며 모든 관법(觀法)의 기반을 이룬다. 모든 동작은 대체로 조용하고 천천히 행(行)하되 한 체형을 여러 번 반복한다.

기본준비자세

숨(息) - 들이마심
손(手) - 선정인(禪定印)
발(足) - 가부좌(跏趺坐)

동작 1

 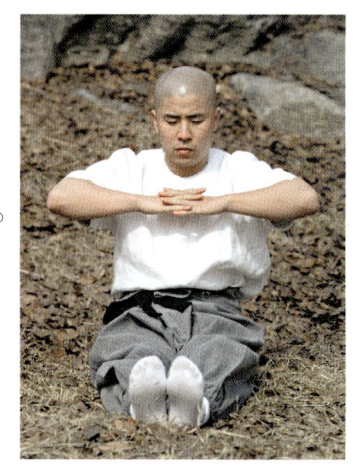

숨을 내쉬며, 손은 선정인을 풀어 대퇴부(大腿部) 위에 두고, 두 다리를 서서히 앞으로 편다.

숨을 들이마시며, 양손을 차수(叉手)하여 어깨높이로 올린 뒤, 숨을 내쉬며 팔을 앞으로 밀어내며 허리를 충분히 숙여 상하체(上下體)가 밀착되게 한다. 이때 발은 펴서 발가락을 앞으로 밀어낸다.

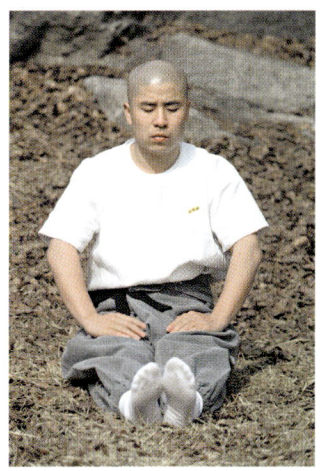

숨을 들이마시며 허리를 들어 자세를 바르게 하고, 양손은 차수(叉手)를 안으로 틀어내어 어깨높이에 위치한다.

숨을 내쉬며, 차수를 뒤집어 밀어내며, 허리를 충분히 숙여 상하체가 밀착되게 하고, 발목을 꺾어 발끝을 안으로 당긴다.

숨을 들이마시며, 허리를 펴고 자세를 바르게 하고, 손은 대퇴부 위에 놓는다.

동작 2

숨을 내쉬면서 상체를 좌측으로 90도 이상 틀어주고 시선을 따라 목을 충분히 돌린다. 양손은 상체를 보조하여 사진과 같이 위치한다.

숨을 들이마시며 자세를 바르게 한 다음 숨을 내쉬며 상체를 우측으로 90도 이상 틀어주되 앞 동작과 같이 한다.

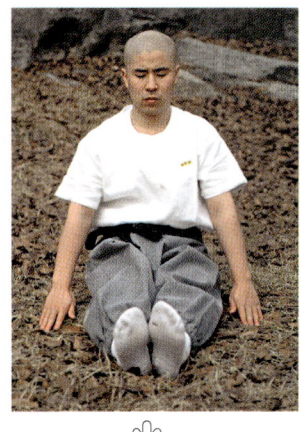

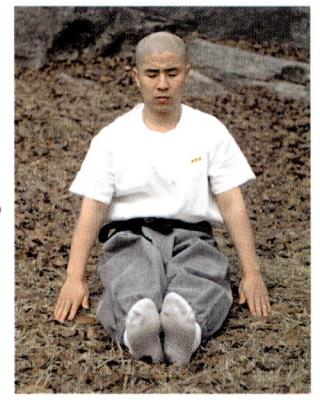

동작 3

숨을 들이마시며 양손으로 두 발을 잡고 안으로 깊이 당겨 모은다.

숨을 내쉬며 팔꿈치로 양쪽 대퇴부를 누른 채 허리를 굽혀 상체를 앞으로 숙이고 가슴과 발이 닿고 머리와 무릎이 땅에 닿게 한다. 숨을 들이마시며 자세를 바르게 한다.

동작 4

숨을 내쉬며 양팔을 수평으로 펴고 왼쪽 다리를 옆으로 편다.

숨을 계속 내쉬며 허리를 옆으로 굽혀 좌측(左側) 상하체(上下體)를 닿게 하며, 양팔은 굽힌 방향으로 뻗어 깍지 낀 손으로 왼발을 잡는다.

숨을 들이마시며 자세를 바르게 한 다음 숨을 내쉬면서 상체를 우측으로 90도 이상 틀어준다. 발목은 안으로 잡아 당기고, 양팔은 몸의 방향을 따라 돌려 상체를 보조한다.

동작 4의 반대 동작

숨을 들이마시며 자세를 바르게 한 다음 숨을 내쉬며 오른쪽 다리를 옆으로 펴고 앞의 동작을 반대로 한다.

동작 5

숨을 들이마시고, 오른발을 깊이 당겨 모아 양 손가락을 의지하여 일어나 앉아 상체를 바로 세운다.

숨을 내쉬며 두 다리를 옆으로 벌려 앉은 뒤 숨을 들이마신다.

숨을 내쉬며 양팔을 앞으로 뻗어내는 동시에 상체를 앞으로 숙여 지면(地面)과 닿게 한 다음 숨을 들이마시며 자세를 바르게 한다.

숨을 내쉬며 상체를 왼쪽으로 틀어 옆으로 굽혀 좌측 상하체를 닿게 하며 양팔은 굽힌 방향으로 뻗어 보조한다.

숨을 들이마시며 자세를 바르게 한 다음 반대로 동작한다.

동작 6

숨을 내쉬며 시선과 함께 왼손을 뒤로 돌려 짚고 자세를 좌측으로 90도 틀어 앉는다. 이때 상체를 바로 세우고 두 다리는 일직선으로 한다.

숨을 들이마시며 서서히 상체를 뒤로 제쳤다가 숨을 내쉬며 상체를 충분히 앞으로 숙여 다리와 닿게 한다.

숨을 들이마셨다가 내쉬며 상체를 앞으로 깊이 숙여 허리를 중심으로 좌측으로 한바퀴 돌린 후 다시 같은 방법으로 우측으로 회전시킨다. 이때 시선을 따라 목을 함께 돌린다.

숨을 들이마시며 자세를 바르게 한 다음 반대로 동작한다.

동작 6의 반대 동작

⇩

⇩

⇩

동작 7

  왼쪽 팔꿈치를 짚고 옆으로 누워 두 다리를 가위 모양으로 벌린다.

  숨을 내쉬며 오른발을 편 채 들어올려 손으로 발 바깥쪽을 잡고 앞으로 당겨 어깨와 닿게 한 다음 숨을 들이쉬며 손발을 편채 허리를 꺾어 뒤로 뻗어낸다.

숨을 내쉬며 손으로 오른발 안쪽을 잡고 어깨 바깥으로 당겼다가 숨을 들이마시며 손발을 신체의 오른쪽으로 높게 뻗어 올린다.

숨을 내쉬며 손발을 동시에 안쪽에서 바깥으로, 바깥에서 안쪽으로 돌린 후 두 다리를 동시에 회전시켜 자세를 바꾸어 반대로 동작한다.

동작 7의 반대동작

동작 8

양 팔다리를 편 채 바로 누워 호흡을 정리한다.

숨을 내쉬며 양손은 허리를 받치고 양발을 모아 머리 뒤로 넘겨 무릎이 땅에 닿도록 깊이 굽힌다.

숨을 들이마신 후 내쉬면서 어깨를 고정한 채 하체를 왼쪽으로 45도 이상 이동한다.

숨을 들이마시며 자세를 바로 한 뒤 숨을 내쉬며 오른쪽으로 반복한다.

숨을 들이마신 뒤 내쉬며 두 발을 모아 무릎과 허리를 펴서 수직으로 뻗어 올린다. 이때 가슴이 턱에 닿도록 목을 깊이 굽히고 정지한 채 호흡을 깊이 들이마신다.

동작 9

숨을 내쉬며 두 발을 좌우로 충분히 벌려 땅에 닿게 하며 머리를 앞으로 들고 양손은 손바닥을 편 채 두 발목의 발가락 끝에 맞댄다.

숨을 들이마시며 반동과 동시에 다리를 벌린 채 앞으로 엎드리고 두 팔다리를 일직선으로 벌려 신체 전면이 땅에 닿게 한다.

동작 10

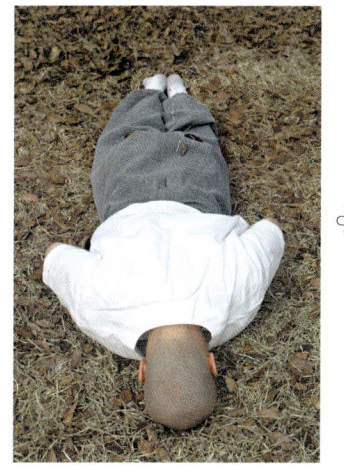

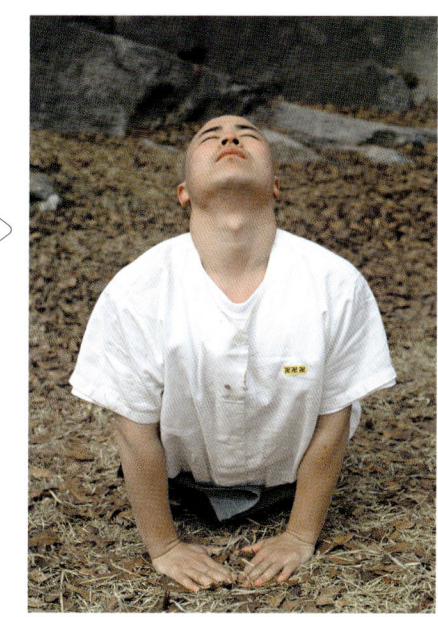

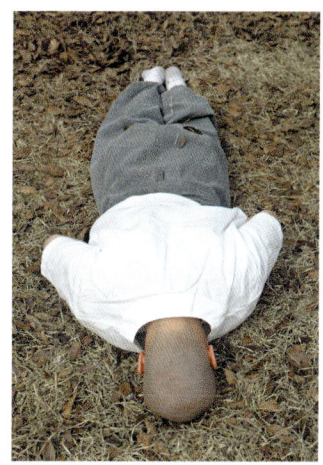

숨을 내쉬며 양발을 모으는 동시에 양손은 하복부에 모아 기해합장(氣海合掌)한다.

숨을 들이마시며 상체와 머리를 뒤로 제치고 양팔로 지탱한다.

숨을 내쉬며 상체와 머리를 원위치로 하고 팔의 힘을 푼다.

동작 11

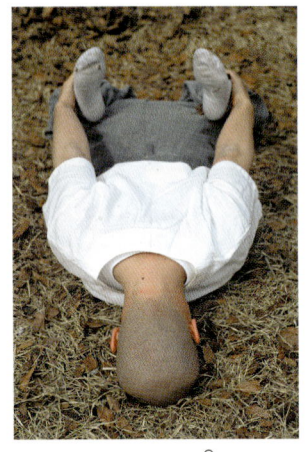

숨을 들이마시며 엎드린 상태에서 양손으로 발을 잡아 허리를 꺾어 둥글게 한 다음 반동을 주어 앞뒤로 흔든다. 상체가 숙여질 때 숨을 내쉬고 하체가 숙여질 때 숨을 들이마신다.

다음은 반동을 주어 좌우로 구른다.

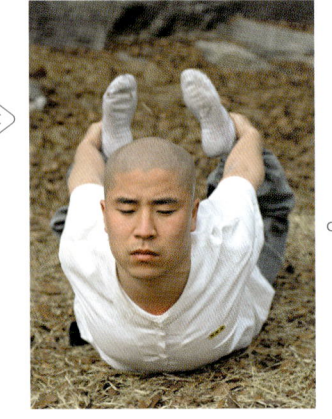

⇧

⇨

⇨

오체유관 29

동작 12

　팔다리를 펴서 엎드린 상태에서 일어나 양 무릎을 벌려 앉으며 양손을 모아 어깨높이로 올린다.
　숨을 내쉬며 무릎 사이로 상체를 앞으로 숙이며 팔과 함께 길게 뻗는다. 상체가 손끝까지 땅에 닿아야 한다.
　숨을 들이마시며 일어나 계속 숨을 들이마신 상태에서 상체를 뒤로 넘겨 머리를 땅에 닿게 하여 호흡을 정지한다. 숨을 일단 짧게 더 들이마셨다가 내쉬며 일어난다.

동작 13

뒤로 누운 상태에서 발을 허리쪽으로 깊이 당기고 양손을 어깨 뒤로 짚어 허리를 둥글게 한 후 몇 번 반동을 준 뒤 일어나 합장을 한다.

五오體체 剛강 觀관

拳投
打推引釣壓解
混
正合反
内心外
十方
空上中下地
中雙單重平交延
拿捻折倒脫
掌指拳肱肘臂
点線角弧圓螺
長中短
攻攝防
顯密隱
剛中柔

手法

拳投度(一·二·三·四·五)
混
步飛跳落止
前後側回拳踏
正合反
内心外
十方
空上中下地
中雙單平交延
拿捻折倒脫
掌指足膝臂
点線角弧圓螺
長中短
攻攝防
顯密隱
剛中柔

脚法

1) 장공掌功

(1) 장掌 지르기

기본준비자세

숨(息) - 들이마심.
손(手) - 공대(空大)에 허심합장(虛心合掌)
발(足) - 어깨 넓이로 11자(字)

동작 1

숨을 내쉬며 "옴"의 진언을 길게 하면서 합장(合掌)이 위로 올라가 견대(見大)에서 갈라져 크게 원을 그리며 내려와 지대(地大)에서 허심합장(虛心合掌)하였다가 어깨수평으로 올린 후 팔꿈치를 접어 공대(空大)에 위치한다.

 ⇨

 ⇨

동작 2

 숨을 들이마시며 다리를 좌측으로 일보(一步) 내딛어 어깨넓이의 배(倍)가 되게 한 다음 상체를 뒤로 제치는데, 손은 반합을 친 후 합장(合掌)이 갈라져 양쪽 귀 뒤로 넘겨 후두부(後頭部)에 위치한다.

동작 3

숨을 계속 들이마시며 상체를 바로 세운다. 팔은 손등으로 목을 타고 내려온 후 가슴높이에 와서 숨을 내쉬며 쌍장(雙掌)을 동시에 밀어낸다. 이때 손가락 간격을 벌리고 마디가 굽지 않도록 주의한다.

ㄱ. 전장(前掌) 지르기

동작 1

　숨을 들이마시며 쌍장(雙掌)을 밀어낸 상태에서 상체를 뒤로 제치고 동시에 왼팔은 위로 올려 후두부(後頭部)로 내리고, 오른팔은 위로 올려 팔꿈치를 접어 머리 뒤로 내려 방어하며, 다시 왼손은 손등으로 목을 타고 내리게 한 후 숨을 내쉬며 손바닥을 전방으로 밀어낸다.

동작 2

숨을 들이마시며 상체를 뒤로 제친다. 동시에 왼팔을 위로 올려 팔꿈치를 접어 머리 뒤로 내려 방어하고, 오른손은 손등으로 목을 타고 내린 후 숨을 내쉬며 오른쪽 손바닥을 전방(前方)으로 밀어낸다. 이때 몸의 중심이 올라가지 않도록 한다.

ㄴ. 측장(側掌) 지르기

동작 1

숨을 들이마시며 상체를 뒤로 제치고 동시에 오른팔을 위로 올려 팔꿈치를 접어 머리 뒤로 내려 방어한다.

왼손은 손등으로 목을 타고 내린 후 숨을 내쉬며 몸을 우측으로 틀어 좌장(左掌)을 우측으로 밀어낸다.

동작 2

숨을 들이마시며 상체를 뒤로 제치고 동시에 왼팔을 위로 올려 팔꿈치를 접어 머리 뒤로 내려 방어한다.

오른손은 손등으로 목을 타고 내린 후 숨을 내쉬며 몸을 좌측으로 틀어 우장(右掌)을 좌측으로 밀어낸다.

ㄷ. 하장(下掌) 지르기

동작 1

숨을 들이마시며 상체를 뒤로 제치고 동시에 오른팔을 위로 올려 팔꿈치를 접어 머리 뒤로 내려 방어하며 왼손을 손등으로 목을 타고 내리게 한 후 숨을 내쉬며 좌장(左掌)을 아래로 밀어내 지면에 닿을 듯이 한다.

동작 2

숨을 들이마시며 상체를 뒤로 제치는 동시에 왼팔을 위로 올려 팔꿈치를 접어 머리 뒤로 내려 방어하고, 오른손은 손등으로 목을 타고 내린 후 숨을 내쉬며 우장(右掌)을 아래로 밀어내 땅에 닿을 듯이 한다.

ㄹ. 상장(上掌) 지르기

동작 1

숨을 들이마시며 상체를 뒤로 제치고, 동시에 오른팔을 위로 올려 팔꿈치를 접어 머리 뒤로 내려 방어한다.

왼손을 손등으로 목을 타고 내리게 한 후 숨을 내쉬며 좌장(左掌)을 위로 밀어낸다.

동작 2

숨을 들이마시며 상체를 뒤로 제치고, 동시에 왼팔을 위로 올려 팔꿈치를 접어 머리 뒤로 내려 방어한다.

오른손을 손등으로 목을 타고 내리게 한 후 숨을 내쉬며 우장(右掌)을 위로 밀어낸다.

동작 3

숨을 들이마시며 손을 견대(見大)에 허심합장(虛心合掌)하고 왼발을 끌어 모아 바로 서며 심인법(心印法)으로 마무리한다.

(2) 장족掌足 앞차기

기본자세

"옴"의 진언을 길게 하면서 합장이 위로 올라가 견대(見大)에서 갈라져 크게 원을 그리며 내려와 지대(地大)에서 허심합장(虛心合掌)한 뒤 어깨수평으로 올린 후 팔꿈치를 접어 공대(空大)에 위치한다.

동작 1

동작 2

손은 반합을 친 후 갈라져 좌우(左右) 45도로 내려치는 동시에 왼쪽 발을 뒤로 길게 뻗어 우전굴(右前屈) 자세로 섰다가 다시 양손을 마주쳐 올려 공대(空大)에 허심합장(虛心合掌)한다.

동작 3

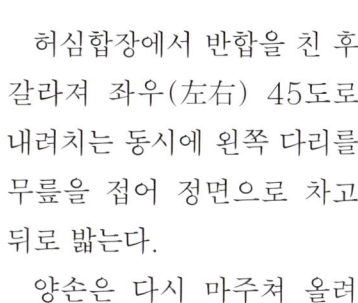

허심합장에서 반합을 친 후 갈라져 좌우(左右) 45도로 내려치는 동시에 왼쪽 다리를 무릎을 접어 정면으로 차고 뒤로 밟는다.

양손은 다시 마주쳐 올려 공대(空大)에 허심합장(虛心合掌)한다. 주로 발차기할 때 시선은 차는 방향을 본다.

동작 4(장족 앞차기 반대동작)

장족 앞차기 동작을 반대로 행(行)한다. 자세를 전환할 때 반합을 친 후 갈라져 좌우 45도로 내려치는 동시에 제자리에서 뛰어 발을 바꾼다.

동작 5

　　오른 발을 끌어 모아 바로 서며 심인법(心印法)으로 마무리한다.

(3) 장족掌足 옆차기

기본자세

동작 1

 ⇨  ⇨

"옴" 진언을 길게 하면서 합장이 위로 올라가 견대(見大)에서 갈라져 크게 원을 그리며 내려와 지대(地大)에서 허심합장(虛心合掌)하여 어깨수평으로 올린 후 팔꿈치를 접어 공대(空大)에 위치한다.

동작 2

반합을 친 후 갈라져 좌우 45도로 내려치는 동시에 오른발을 왼발 앞으로 교차해서 앉는다.

동작 3

양손을 마주쳐 오른쪽 귀 옆에 위치하는 동시에, 왼발을 오른발 무릎 위로 들어서 접는다.

동작 4

왼손으로 좌측 상단을 치고 오른손으로는 팔꿈치를 접어 우측을 방어함과 동시에 왼발을 좌측으로 뻗어 찬다.

동작 5

왼발을 접어 기마자세로 밟으며 양손을 마주쳐 올려 공대(空大)에 허심합장(虛心合掌)한다.

동작 6

손은 반합을 친 후 갈라져 좌우 45도로 내려치는 동시에 왼발을 오른발 앞으로 교차해서 앉는다.

동작 7

양손을 마주쳐 왼쪽 귀 옆에 위치하며 동시에 오른발을 왼발 무릎 위로 들어서 접는다.

동작 8

오른손으로 우측 상단을 치고 왼손은 팔꿈치를 접어 좌측을 방어함과 동시에 오른발을 우측으로 뻗어 찬다.

동작 9

오른발을 접어 기마 자세를 취하고 양손을 맞대어 올려 공대(空大)에 허심합장(虛心合掌)한다.

동작 10

왼발을 끌어 모아 바로 서며 심인법(心印法)으로 마무리한다.

2) 권공拳功

(1) 권족拳足 앞차기

기본자세

"옴" 진언을 길게 하면서 합장을 밑으로 내린 후 다시 위로 올리며 주먹을 쥐어 견대(見大)로 올렸다가 어깨와 수평이 되게 내린다.

동작 1

 ⇒  ⇒

동작 2

왼팔을 좌측 45도로 쳐내어 방어하고 오른팔은 팔꿈치를 접어 턱을 방어하는 동시에 왼발을 뒤로 밟아 우전굴(右前屈) 자세를 취한다. 다시 오른팔을 우측 45도로 쳐내어 방어하고 왼팔은 팔꿈치를 접어 턱을 방어한다.

동작 3

왼팔은 좌측 45도로 쳐내어 방어하고 오른팔은 팔꿈치를 접어 턱을 방어하는 동시에 왼발은 무릎을 편 상태로 들어 앞을 차고 뒤로 내딛어 우전굴(右前屈) 자세를 취한다. 다시 오른팔을 우측 45도로 쳐내어 방어하고 왼팔은 팔꿈치를 접어 턱을 방어한다.

동작 4 (권족 앞차기 반대동작)

발을 바꿔 반대로 행(行)한다. 자세를 전환할 때 오른쪽 - 왼쪽 - 오른쪽으로 팔의 위치를 바꾸고 동시에 제자리에서 뛰어 발을 바꾼다.

동작 5

오른발을 끌어 모아 바로 서며 심인법(心印法)으로 마무리한다.

(2) 권족拳足 옆차기

기본자세

"옴" 진언을 길게 하면서 합장을 밑으로 내렸다가 위로 올리며 주먹을 쥐어 견대(見大)로 올렸다가 다시 어깨와 수평이 되게 내린다.

동작 1

 ⇒  ⇒

동작 2

좌권(左拳)은 팔꿈치를 접어 턱을 방어하고 우권(右拳)은 좌측 하단을 지르며 동시에 오른발을 왼발 앞으로 교차해서 앉는다.

동작 3

좌권(左拳)은 좌측 상단을 치며 우권(右拳)은 팔꿈치를 접어 우측을 방어함과 동시에 왼발을 무릎을 펴서 좌측으로 뻗어 찬다.

동작 4

우권(右拳)은 팔꿈치를 접어 턱을 방어하고 좌권(左拳)은 우측 하단을 지르며 동시에 왼발을 오른발 앞으로 교차해서 앉는다.

동작 5

우권(右拳)은 우측 상단을 치고 좌권(左拳)은 팔꿈치를 접어 좌측을 방어함과 동시에 오른발은 무릎을 펴서 우측으로 뻗어 찬다.

동작 6

오른발을 접어 기마 자세로 놓은 후 왼발을 끌어 모아 바로 서며 심인법(心印法)으로 마무리한다.

(3) 권족拳足 뒷차기

기본자세

동작 1

 ⇒  ⇒

"옴" 진언을 길게 하면서 합장을 밑으로 내린 후 다시 위로 올리며 주먹을 쥐어 견대(見大)로 올렸다가 다시 어깨와 수평이 되게 내린다.

동작 2

 양팔을 밑으로 내린 후 다시 위로 올려 좌권(左拳)은 전방 상단을 방어하여 공대(空大)에 위치하고, 우권(右拳)은 중단을 방어하며 동시에 왼발을 끌어와 무릎을 접어 오른발 위로 들어올린다.

동작 3

 좌권(左拳)은 후방을, 우권(右拳)은 전방을 치며 동시에 왼발 뒤꿈치로 후방을 찬다. 권족(拳足)을 동시에 접어 전방을 방어한 후 발을 바꿔 반대로 행한다.

동작 4(권족 뒷차기 반대동작)

동작 5

왼발을 끌어 모아 바로 서며 심인법(心印法)으로 마무리한다.

(4) 권족拳足 지地치기

기본자세

"옴" 진언을 길게 하면서 합장을 밑으로 내린 후 다시 위로 올리며 주먹을 쥐어 견대(肩大)에 위치한다.

동작 1

 ⇨

동작 2

몸의 중심을 낮추며 권(拳)을 허리로 당김과 동시에 발은 좌측으로 일보 내딛어 어깨넓이의 배(倍)가 되게 한다.

동작 3

우권(右拳)으로 땅을 치며 동시에 왼발을 들어 후방(後方)을 차며 무릎을 접는다. 시선은 아래를 보며 상체는 일직선 측면이다.

동작 4

좌권(左拳)으로 땅를 치고 우권(右拳)을 허리로 당기며 동시에 뛰어서 왼발로 땅을 밟고 오른발을 들어 후방(後方)을 차며 무릎을 접는다.

동작 5

뛰어서 몸을 뒤로 틀어 한바퀴 돌아 우권(右拳)으로 땅를 치고 좌권(左拳)을 허리로 당기는 동시에 오른발로 땅을 밟고 왼발을 들어 후방(後方)을 차며 무릎을 접는다.

동작 6

뛰어서 몸을 뒤로 틀어 한바퀴 돌아 좌권(左拳)으로 땅을 치고 우권(右拳)을 허리로 당기며 동시에 왼발로 땅을 밟고 오른발을 들어 후방(後方)을 차며 무릎을 접는다.

동작 7

왼발을 끌어 모아 바로 서며 심인법(心印法)으로 마무리한다.

3) 회공 回功

(1) 회족回足: 돌려차기

ㄱ. 내회족(內回足: 앞돌려차기)

기본준비자세

동작 1

 ⇨  ⇨

"옴" 진언을 길게 하면서 합장이 위로 올라가 견대(見大)에서 갈라져 크게 원을 그리며 내려와 지대(地大)에서 허심합장(虛心合掌)하여 어깨수평으로 올린 후 팔꿈치를 접어 공대(空大)에 위치한다.

동작 2

상체를 좌측으로 틀어 자세를 낮추며 동시에 손은 반합을 친 후 갈라져 왼손은 하단을 오른손은 상단을 방어한다.

동작 3

양팔과 상체를 펴주면서 우측으로 돌리며 왼발을 들어서 앞꿈치로 360도 돌려찬다. 허리를 펴고 균형을 유지한다.

동작 4

상체를 우측으로 틀어 자세를 낮추며, 동시에 오른손은 하단을 왼손은 상단을 방어한다.

동작 5

양팔과 상체를 펴주면서 좌측으로 돌리며. 오른발을 들어서 앞꿈치로 360도 돌려찬다.

오체강관 77

ㄴ. 외회족(外回足 : 뒤돌려차기)

동작 1

상체를 우측으로 틀어 왼손과 왼발을 들어올린 후 뒤꿈치로 360도 돌려찬다.

동작 2

상체를 좌측으로 틀어 오른 손과 발을 들어올린 후 뒤꿈치로 360도 돌려 찬다. 왼발을 끌어 모아 바로 서며 심인법(心印法)으로 마무리한다.

오체강관 79

(2) 비회공 臂回功

기본준비자세

동작 1

 ⇨  ⇨

"옴" 진언을 길게 하면서 합장이 위로 올라가 견대(見大)에서 갈라져 크게 원을 그리며 내려와 지대(地大)에서 합장하여 어깨수평으로 올린 후 팔꿈치를 접어 공대(空大)에 위치한다.

동작 2 전회공(前回功)

후방(後方)에서 전방(前方)으로
큰 원을 그리듯 양손 손바닥을 마주치며 돌린다.

동작 3 후회공(後回功)

전회공 반대로 전방(前方)에서 후방(後方)으로
큰 원을 그리듯 양손 손바닥을 마주치며 돌린다.

동작 4 전회공(前回功)

뒤에서 앞으로 큰 원을 그리듯 양손을 각각 따로 돌린다.

동작 5 후회공(後回功)

전회공을 끝낸 상태에서 반대로 행(行)한다. 전방(前方)에서 후방(後方)으로 큰 원을 그리듯 양손을 각각 따로 돌린다.

동작 6 내회공(內回功)

왼발을 좌측으로 일보(一步) 내딛어 기마자세로 서며, 팔은 어깨수평으로 올려 안으로 모아 합장(合掌)한 후 다시 밑으로 갈라져 내린다.

동작 7 외회공(外回功)

　내회공을 끝낸 상태에서 반대로 행(行)한다. 팔은 어깨수평에서 합장(合掌)을 좌우로 벌려 밑으로 내린 후 다시 지대(地大)에서 합장(合掌)하여 어깨수평으로 올린다.

동작 8 내회공(內回功)

양손을 각각 따로 돌린다.

동작 9 외회공(外回功)

양손을 각각 따로 돌린다.

동작 10 내회공(內回功)

팔을 견대(肩大)에서 좌우로 벌려 어깨수평으로 내린 후 안으로 모아 합장하여 다시 견대(肩大)로 올린다.

동작 11 외회공(外回功)

팔을 견대(肩大)에서 어깨수평으로 내린 후 합장을 좌우로 벌려 다시 견대(肩大)로 올려 합장한다.

동작 12 내회공(內回功)

양손을 각각 따로 돌린다.

동작 13 외회공(外回功)

동작 14

왼발을 모아 바로 서며 심인법(心印法)으로 마무리한다.

(3) 양족 앞차고 옆차기

기본준비자세

동작 1

"옴" 진언을 길게 하면서 합장이 위로 올라가 견대(見大)에서 갈라져 크게 원을 그리며 내려와 지대(地大)에서 허심합장(虛心合掌)하여 어깨수평으로 올린 후 팔꿈치를 접어 공대(空大)에 위치한다.

동작 2

허심합장(虛心合掌)의 자세(姿勢)로 무릎을 굽혀 앉는다.

동작 3

합장(合掌)을 교차(交叉)하여 어깨수평 전방(前方)으로 쳐내며, 뛰어올라 양발 앞꿈치로 손바닥을 차고 내려옴과 동시에 바로 다시 뛰어 오른다.

동작 4

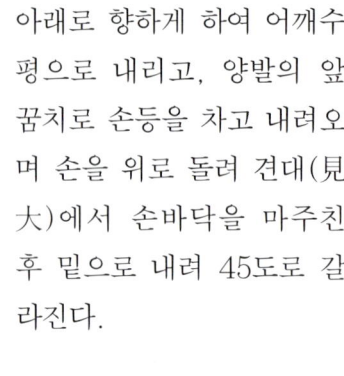

손을 위로 돌려 손등이 아래로 향하게 하여 어깨수평으로 내리고, 양발의 앞꿈치로 손등을 차고 내려오며 손을 위로 돌려 견대(肩大)에서 손바닥을 마주친 후 밑으로 내려 45도로 갈라진다.

동작 5

손을 위로 한바퀴 돌린 후 일어나 심인법(心印法)으로 마무리한다.

靈영 靜정 立입 觀관

　영정입관은 금강립(金剛立)을 비롯해 좌우 후굴(後屈) 서기 등으로 주로 서서 행하는 관법(觀法)으로 준비자세를 제외한 총 12개 부분 동작으로 연결 구성된다.
　전체적으로 힘을 뺀 상태에서 행하며 마음과 호흡과 동작이 하나로 통일된 모든 형위(形位)가 진정(眞靜)이 깃들어야 한다.
　신(身) 구(口) 의(意)가 평등하고 우주와 내가 둘이 아니며 일념(一念)을 초월한 무아(無我)의 경계(境界)로 들어감에 즉시 삼매(三昧)요, 일동일정(一動一靜)이 곧 우주의 본체(本體)요, 진여자성(眞如自性)이라는 관념으로 모든 동작을 행(行)한다.

기본준비자세

숨(息) – 깊이 들이마심
몸(體) – 중심은 수대법륜(水大法輪)
손(手) – 공대(空大)에 허심합장(虛心合掌)
발(足) – 어깨 넓이로 11자(字)
관(觀) – 눈 · 코 · 입 · 마음을 관함

* 수련시 시작부터 끝까지 몸의 중심을 낮추며 호흡과 동작을 동시에 행한다.

동작 1

숨을 내쉬며 자세를 낮추고 손을 아래로 내려 하복부에 기해합장(氣海合掌)한다. 엄지 검지 중지를 닿게 하여 역삼각형 모양을 하고 양발 끝을 바깥으로 일자(一字)로 틀며 무릎을 굽혀 금강립(金剛立)을 한다.

이때 발끝을 일자(一字)로 틀 때 힘들면 조금만 틀어 팔자(八字)로 한다.

동작 2

숨을 계속 내쉬며 합장한 손을 내려 양측으로 45도 가량 벌려 동작을 잠시 멈춘다.

동작 3

숨을 들이마시며 손은 원을 그리듯이 귀 옆으로 올려 견대(見大)에서 허심합장(虛心合掌)한다. 이때 팔꿈치가 굽혀지지 않도록 주의한다.

숨을 내쉬며 합장한 손이 내려와 갈라져 화대(火大)높이에 중지 끝이 닿게 하고 팔꿈치는 어깨와 수평이 되게 한다.

숨을 계속 내쉬며 몸을 우측으로 90도 튼다. 몸을 틀 때 왼발은 앞축, 오른발은 뒤꿈치가 축이 된다. 합장이 내려오며 우측으로 틀어도 된다.

숨을 들이마시며 손을 모아서 공대(空大)에 허심합장(虛心合掌)하고, 왼발을 발등으로 끌어 오른발 뒤꿈치 옆에 놓는다.

동작 4

숨을 내쉬며 합장이 갈라져 왼손은 팔꿈치를 둥글게 하고 손목의 힘을 빼 어깨높이에, 오른손은 팔꿈치를 굽혀 손목의 힘을 빼 가슴높이에 위치한다. 발은 손과 동시에 발등으로 반원을 그리며 좌측으로 90도 이동하여 우후굴(右後屈)로 선다. 이때 후굴자세(後屈姿勢)나 중심은 체중을 반(半)씩 나눈다.

동작 5

숨을 들이마시며 발은 반원(半圓)을 그리며 오른발 뒤꿈치로 끌어 왔다가, 숨을 내쉬며 왼발을 뒤로 이동한 후 몸을 좌측으로 90도 틀어준다.

이때 손은 움직이지 말고 상체만 틀며 오른발은 앞축, 왼발은 뒤꿈치가 축이 되게 한다.

숨을 들이마시며 손을 모아 공대(空大)에 허심합장(虛心合掌)하며 오른발을 발등으로 끌어 왼발 뒤꿈치 옆에 모았다가, 숨을 내쉬며 동작 4를 반대로 행(行)한다.

동작 6

숨을 들이마시며 오른발로 반원(半圓)을 그리며 왼발 뒤꿈치로 끌어왔다가 숨을 내쉬며 오른발을 뒤로 이동한 후 몸을 우측으로 90도 튼다.

숨을 들이마시며 손을 모아 공대(空大)에 허심합장(虛心合掌)하며 왼발을 발등으로 끌어 오른발 뒤꿈치 옆에 모은다.

숨을 내쉬며 합장이 갈라져 왼손은 팔꿈치를 펴서 어깨높이에, 오른손은 팔꿈치를 펴서 우측 무릎 쪽에 위치한다. 발은 손과 동시에 발등으로 반원(半圓)을 그리며 좌측으로 90도 이동하여 우후굴(右後屈)로 선다.

동작 7

동작 6의 반대로 행(行)한다.

동작 8

숨을 들이마시며 몸의 중심을 유지하고, 오른손을 내려 왼손과 함께 지대(地大)에 모아 허심합장(虛心合掌)한다. 발은 손과 동시에 오른발을 끌어와 무릎을 펴주며 일어난다.

숨을 내쉬며 합장한 손이 화대(火大) 부위로 올라와 상하로 갈라져 왼손은 공대(空大)에, 오른손은 지대(地大)에 위치한다.

동작 9

숨을 들이마시며 양손을 상하로 움직여 화대(火大)에서 연꽃 봉오리를 어루만지듯 원으로 교차하여 오른손은 공대(空大)에 왼손은 지대(地大)에 위치한다.

동작10

숨을 내쉬며 오른손을 내려 지대(地大)에 미개연합장(未開蓮合掌)한다.

동작 11

숨을 들이마시며 합장한 손을 어깨수평까지 올리고, 팔꿈치를 접으며 활연합장(活蓮合掌)으로 변하여 공대(空大)에 위치한다.

동작 12

숨을 계속 들이마시며 손을 위로 올려 활연(活蓮)이 노련합장(老蓮合掌)으로 변하여 견대(見大)에 위치한다.

숨을 내쉬며 노련합장(老蓮合掌)이 갈라져 내려와 지대(地大)에서 허심합장(虛心合掌)하여 심인법(心印法)으로 마무리한다.

靈영 動동 立입 觀관

　영동입관(靈動立觀)은 호흡법에 의한 동작으로 신체 각 부분 요소에 기(氣)를 주입 단련(鍛練)함으로써 모든 동작을 능동화시킬 수 있는 바, 대체로 많은 시간과 인내력이 필요하며 수련 중 외면상 생동감이 충만된 느낌을 주는 관법(觀法)이다. 7개의 자세를 좌우로 연속 반복 수련함으로써 정신과 호흡, 동작을 통일시킨다.

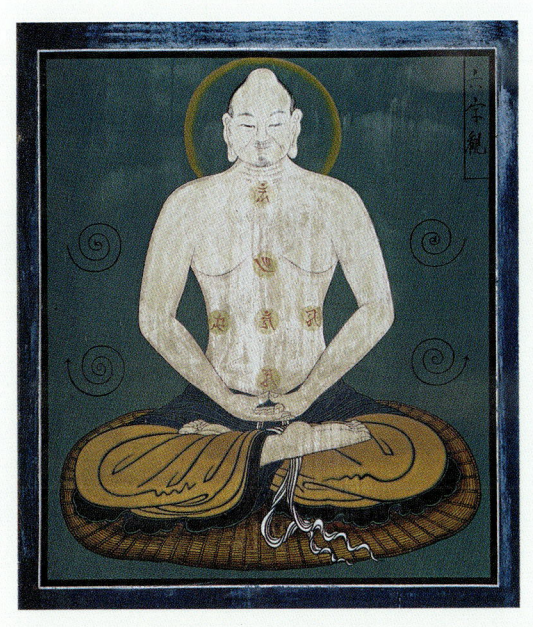

기본준비자세

숨(息) - 깊이 들이마심
손(手) - 공대(空大)에 허심합장(虛心合掌)
발(足) - 어깨 넓이로 11자(字)

＊ 수련시 한 가지 자세를 3회 이상 행한다.

1) 호랑이虎 자세

동작 1

숨을 내쉬며 합장(合掌)한 손이 아래로 내려오며 갈라져 뒤로 크게 원을 그리듯이 돌려 상체를 앞으로 숙이고, 손가락은 호랑이의 발 모양으로 엄지손가락이 엄지발가락 앞에 위치한다. 발은 손이 내려오는 것과 동시에 좌측으로 일보(一步) 더 벌려 어깨넓이의 배(倍)가 되도록 한다. 이때 엄지발가락과 엄지손가락의 간격은 5cm정도.

동작 2

숨을 들이마셨다가 멈추며, 머리를 들어 위를 보고 등은 위로 올려 상체를 팽창시킨다. 동시에 발뒤꿈치를 들어서 안으로 틀어 항문을 수축하며 손과 더불어 체중을 지탱한다. 지식(止息)은 30초에서 1분간이며 무릎이 굽지 않도록 주의한다.

동작 3

숨을 일단 짧게 더 들이마셨다가 내쉬며(호흡이 엉키는 것을 방지한다) 머리·몸·손·발의 힘을 동시에 서서히 푼다.

동작 4

숨을 들이마시며 상체를 일으키고 손을 어깨와 수평이 되게 한다.

2) 용龍 자세

동작 1

숨을 내쉬며 상체를 좌측으로 숙인다. 오른손은 위에 왼손엄지는 엄지발가락 5cm앞에 위치하도록 한다. 왼손가락은 호랑이의 발 모양을 한다.

동작 2

숨을 들이마셨다가 멈추며 머리를 들어 시선을 손가락 끝에 두고, 상체를 우측 위로 틀며 오른손 손목을 꺾어 머리를 향하게 한다. 동시에 발뒤꿈치를 들어 안으로 틀어 항문을 수축하며 체중을 지탱한다. 이때 상하의 팔이 수직이 되게 한다.

동작 3   동작 4

　숨을 일단 짧게 더 들이마셨다가 내쉬며 머리·몸·손·발의 힘을 동시에 서서히 푼다.
　숨을 들이마시며 상체를 일으키고 팔을 어깨와 수평이 되게 한다.

동작 5

　　　　　　　　　　　　　동작 1을 반대로 행(行)한다.

동작 6

동작 2를 반대로 행(行)한다.

동작 7

동작3을 반대로 행(行)한다.

동작 8

동작 4를 반대로 행(行)한다.

3) 사슴鹿 자세

동작 1

숨을 내쉬며 손을 아래로 내리고 왼발을 일보 안으로 당겨 어깨넓이로 선다.

동작 2

숨을 들이마셨다가 멈추며 머리를 뒤로 젖혀 위를 보는데 손가락을 펴고 손목을 꺾어 땅을 내려 누르듯 한다. 동시에 발뒤꿈치를 들어 안으로 틀어 항문을 수축한다. 이때 체중은 발가락으로 지탱하고 손가락이 굽지 않도록 주의한다.

동작 3

숨을 일단 짧게 더 들이마셨다가 내쉬며 머리·몸·손·발의 힘을 동시에 서서히 푼다.

4) 원숭이猿 자세

동작 1 동작 2

숨을 들이마시며 왼팔을 위로 올려 귀 옆에 위치한다. 숨을 멈추며 머리를 뒤로 젖혀 위를 보고, 손가락을 펴고 손목을 꺾는데 왼손은 하늘, 오른손은 땅을 내려 누르듯이 한다. 동시에 발 뒤꿈치를 들어 안으로 틀어 항문을 수축한다.

동작 3

숨을 짧게 더 들이마셨다가 내쉬며 머리·몸·손·발의 힘을 동시에 서서히 푼다.

동작 4

양손을 상하로 움직여 화대(火大)에서 연꽃 봉오리를 어루만지듯 원을 그리며 교차하여 동작 1을 반대로 행한다.

동작 5

동작 2 반대로 행한다.

동작 6

동작 3 반대로 행한다.

5) 곰熊 자세

동작 1

숨을 들이마시고 어깨수평 좌우측으로 원을 그리듯이 돌려 왼손은 화대(火大)높이로 엄지를 명치 위쪽 끝에 두고, 오른손은 수대(水大)높이로 엄지를 명문혈(命門穴)에 위치한다.

동작 2

숨을 멈춘 후 머리는 뒤로 젖혀 위를 보고, 손목은 꺾어 손바닥으로 좌우를 밀어내듯이 한다. 동시에 발 뒤꿈치를 들어 안으로 틀어 항문(肛門)을 수축한다.

동작 3

숨을 짧게 더 들이마셨다가 내쉬며 머리·몸·손·발의 힘을 동시에 서서히 푼다.

동작 4

동작 1을 반대로 행(行)한다.

동작 5

동작 2 반대로 행(行)한다.

동작 6

동작 3 반대로 행(行)한다.

6) 거북이(龜) 자세

동작 1

 곰(熊)의 자세 동작 6에서 계속 숨을 내쉬며 양손을 아래로 내려 뒤로 크게 원을 그리듯이 돌려 상체를 앞으로 숙이고 땅을 짚는다. 손가락은 호랑이의 발 모양으로 중지손가락을 엄지발가락 5cm 앞에 위치한다. 발은 손과 동시에 좌측으로 일보(一步)더 벌려 어깨넓이의 배(倍)가 되도록 한다.

동작 2

숨을 들이마셨다가 멈추며 머리를 들어 위를 보되, 등을 아래로 내리고 동시에 발 뒤꿈치를 들어서 안으로 틀어 항문을 수축하며 손과 더불어 체중을 지탱한다.

동작 3

숨을 짧게 더 들이마셨다가 내쉬며 머리·몸·손·발의 힘을 동시에 서서히 푼다.

7) 학鶴 자세

동작 1

숨을 들이시며 상체를 일으키고, 손은 어깨와 수평이 되게 하며 손목의 힘을 뺀다. 발은 동시에 뒤꿈치를 바깥으로 튼다.

동작 2

숨을 멈추고 머리를 뒤로 젖혀 위를 보며 손목을 안으로 꺾는다(엄지에 검지 중지를 대고 약지 소지는 접는다). 발은 동시에 끝을 들어 밖으로 더 틀며 엉덩이를 약간 뒤로 뺀다. 손을 꺾을 때 다섯 손가락을 모아도 되며 엉덩이를 뒤로 뺄 때 상체를 앞으로 숙이지 않는다.

동작 3

숨을 짧게 더 들이마셨다가 내쉬며 머리·몸·손·발의 힘을 동시에 서서히 푼다.

동작 4

숨을 계속 내쉬며 손과 발을 모아 심인법(心印法)으로 마무리 한다.

靈영 靜정 座좌 觀관

　영정좌관(靈靜座觀)은 결가부좌(結跏趺坐)나 반가부좌(半跏趺坐)의 자세로 수련하며 준비자세를 제외한 총 17개 동작으로 연결 구성된다. 호흡법은 일반 관법(觀法)과 동일하고 동작은 전체적으로 힘을 뺀 상태에서 진행되며 시간은 제한이 없다.

　일념(一念)으로 호흡과 동작을 통일시키며, 호흡을 따라 우주의 대생명력이 흡입(吸入)되어 수대법륜(水大法輪)에서 몸의 기(氣)를 환원시켜 회음(會陰)에서 군다리니를 형성하고, 그것이 독맥(督脈)을 거쳐 임맥(任脈)과 합류할 때 "비로자나불"의 밝은 대광명(大光明)이 머리로부터 비친다는 관념(觀念)을 가진다.

1) 좌관발공 座觀發功

동작 1

가부좌(跏趺坐)로 앉아 왼손은 바닥에 오른손은 원을 그리듯이 머리 위로 올리며 상체를 좌측으로 부드럽게 움직인다. 손바닥으로 짚거나 손등으로 해도 된다.

동작 2

오른손을 내려 바닥에, 왼손은 원을 그리듯이 머리 위로 올리며 상체를 우측으로 부드럽게 움직인다.

동작 3

왼손을 내리고 상체를 바르게 한 후 양손을 뒤로 모아 차수(叉手)하고 상체를 앞으로 숙이며 차수(叉手)를 위로 올린다. 손바닥은 외측이나 내측으로 해도 된다.

동작 4

상체를 바르게 하며 손을 내리고 차수(叉手)를 풀어 양손을 무릎 위에 가볍게 놓는다. 중정(中正) 삼토법(三吐法)을 행(行)한다.

*삼토법(三吐法＝三吐息) 코로 들이마시고 혀를 치아 끝에 댄 후 치읓발음(츠-) 소리를 내며 숨을 내쉰다. 3·5·7회 정도 행(行)한다.

동작 5

2) 본공本功 영정좌관

기본준비자세

숨(息) - 들이마심
손(手) - 공대(空大)에 허심합장(虛心合掌)
발(足) - 가부좌(跏趺坐)
관(觀) - 눈·코·입·마음을 관함

동작 1

숨을 내쉬며 동시에 합장(合掌)이 내려오며 갈라져 손바닥을 무릎 위에 놓는다. 직선으로 내리다 손목에 힘이 들어가면 갈라지며 팔꿈치는 자연스럽게 편 상태.

동작 2

숨을 들이마시며 양손은 바깥으로 돌려 조용히 손바닥을 뒤집어 놓는다. 숨을 내쉬며 다시 양손을 안으로 엎어 엄지와 둘째손가락 사이 합곡(合谷)을 무릎 끝에 걸듯이 위치한다. 무릎 위 아래뼈의 중간 부분에 위치한다.

동작 3

숨을 들이마시며 양손 끝이 무릎에서 대퇴부(大腿部) 안쪽으로 스치면서 올라와 선정인(禪定印)을 맺는다. 선정인 안에 배꼽이 위치하도록 한다.

동작 4

숨을 내쉬며 선정인(禪定印)을 풀어 역삼각형 모양을 만든다.

동작 5

숨을 계속 내쉬며 손바닥으로 하복부(下腹部)를 쓸 듯이 양쪽 늑골(옆구리)부위로 당겨 손끝이 아래로 향하게 손목을 꺾어 위치한 후, 양손을 안으로 틀어 손바닥이 바깥으로 향하게 손목을 꺾어 놓는다. 이때 손은 허리 뒤쪽에 놓는다.

동작 6

숨을 계속 내쉬며 양손을 밑으로 내리고 다시 숨을 들이마시며 큰 원을 그리듯이 좌우로 서서히 올라가 견대(見大)에서 금강합장(金剛合掌)을 이룬다.

동작 7

숨을 멈춘 후 손을 머리 뒤에 손가락이 닿을 듯한 위치로 정지한다. 지식(止息)은 30초에서 1분간 한다.

동작 8

숨을 일단 짧게 들이마시며 금강합장(金剛合掌)을 한 채 팔꿈치를 펴서 손바닥이 위를 향하도록 뒤집어 견대(見大)에 위치한다.

동작 9

숨을 내쉬며 양손을 튕겨서 원을 그리며 내려와 어깨와 수평이 되면 엄지부터 차례로 접으며 내려와 금강권(金剛拳)을 만들어 무릎 위에 가볍게 놓는다. 손을 튕긴 후 어깨 수평에서 숨을 내쉬어도 된다.

동작 10

숨을 계속 내쉬며 손가락을 펴면서 양손을 좌우로 벌려 팔꿈치를 편 채 손가락을 땅에 닿을 듯한 상태의 각도로 위치시킨다. 45도 정도 벌리며 접을 때는 하나씩 접지만 펼 때는 동시에 펴준다.

동작 11

숨을 들이마시며 팔꿈치를 굽혀 양손을 공대(空大) 높이로 올려 힘없이 손목을 앞으로 꺾는다. 손가락이 굽지 않도록 주의한다.

동작 12

숨을 내쉬는 동시에 양손을 반원을 그리듯이 서서히 내려 왼손은 무릎에 두고 오른손은 선정인(禪定印)을 지으며 수대법륜(水大法輪)에 위치시킨다.

동작 13

숨을 들이마시며 서서히 양 손의 위치를 바꾸어 왼손은 손바닥으로 끌어 수대법륜(水 大法輪)에 오른손은 손등으로 끌어 무릎에 둔다.

동작 14

숨을 내쉬며 양손이 동시에 움직여 오른손을 수대법륜(水 大法輪) 앞에 왼손은 공대(空 大) 높이로 반원을 그리듯이 올라와 팔꿈치를 굽혀 손끝이 앞으로 향하게 한다.

동작 15

숨을 들이마시며 양손을 상하로 움직여 화대(火大)에서 꽃봉오리를 어루만지듯 원을 만들면서 교차하여 손의 위치를 바꾸어 놓는다.

동작 16

숨을 내쉬며 오른손이 서서히 내려와 왼손 엄지를 자연스럽게 잡는다.

동작 17

숨을 계속 내쉬며 양손이 고요히 풀어져 허심합장(虛心合掌)으로 변하게 한다.

숨을 들이마시며 허심합장(虛心合掌)을 어깨 수평까지 올린 후 팔꿈치를 접어 공대(空大)에 위치한다.

3) 회공回功

동작 1

호흡을 정리한 뒤 합장(合掌)을 왼쪽 무릎 위로 내려 오른 손등을 위로 하여 새끼 손가락 방향으로 36번을 강하게 마찰하여 돌린다.

동작 2

오른쪽으로 위치를 바꾸어 28번을 돌린다.

동작 3

이어 왼쪽 배에 왼손을 대고 그 위에 오른손을 올려 복부를 감싸듯 명치→오른쪽 배→아랫배 순으로 크게 돌린다.

동작 4

왼손을 빼 오른손 위로 올려 반대로 한다.

동작 5

양손을 얼굴 미간에서 눈을 중심으로 쓸어내린다. 내려올 때 손끝으로 눈동자를 튕겨주듯이 자극하며 반대로 해도 되나 눈꺼풀이 걸리지 않도록 주의한다.

동작 6

무릎을 밖에서 안으로 크게 마찰한 후 가부좌(跏趺坐)를 풀어 발목과 용천혈을 마찰한다. 다리를 펴서 앞으로 숙이고 허리를 부드럽게 좌우로 틀어 몸을 푼 뒤에 끝낸다.

결가부좌(結跏趺坐)일 경우에는 용천혈(湧泉穴)부터 한 다음 발목을 마찰한다. 끝나고 아픈 부위가 있으면 손으로 어루만져 주면 효과가 있다.

靈영 動동 座좌 觀관

 영동좌관(靈動座觀)은 일반 관법과 다르게 일회(一回) 호흡에 여러 동작이 연결되며 영정좌관(靈靜座觀)과는 반대로 기(氣)의 흐름이 충분히 동작으로 표현된다.
 동작을 따라 호흡이 흐르고 체위(體位)의 형상에 따라 기(氣)가 주입된다. 전체적으로 동작은 부드럽고 강함이 조화롭고 무한한 생명력이 속으로 흐르며 금강합장(金剛合掌)을 비롯해서 상생(上生)과 하생(下生), 상·중·하품(上·中·下品) 등으로 수행의 경계를 동작으로 표현한다.
 숨을 내쉬고 다시 들어마셔 정지하는 과정까지를 1동작으로 보고 대체로 호흡이 정지하는 시간은 1회 순환하는 시간 정도로 한다.

기본준비자세

숨(息) - 들이마심
손(手) - 공대(空大)에 금강합장(金剛合掌)
발(足) - 가부좌(跏趺坐)
관(觀) - 눈·코·입·마음을 관함

동작 1

⇩

⇩

 ⇨  ⇨

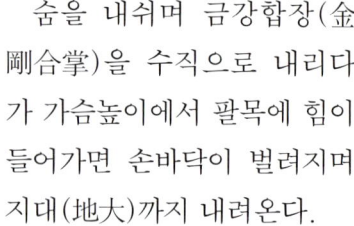

숨을 내쉬며 금강합장(金剛合掌)을 수직으로 내리다가 가슴높이에서 팔목에 힘이 들어가면 손바닥이 벌려지며 지대(地大)까지 내려온다.

계속 숨을 내쉬며 금강합장(金剛合掌)을 새끼손가락부터 차례로 풀어 45도 정도 벌린다.

숨을 들이마시며 손을 안으로 모아 지대(地大)에서 금강합장(金剛合掌)을 한다.

숨을 계속 들이마시며 팔이 굽어지지 않게 쭉펴서 어깨와 수평이 되도록 올린 후 팔꿈치를 접어 금강합장(金剛合掌)을 한다.

지금까지 한 동작을 3회 반복한 후 계속 숨을 들이마시며 손은 크게 원을 그리며 위로 올려 견대(見大)에 손을 모아 금강합장(金剛合掌)한다.

⇧

⇧

처음부터 여기까지 3회 반복

⇧

영동좌관 153

동작 2

숨을 계속 들이마시면서 금강합장(金剛合掌)을 내리며 팔꿈치를 붙였다가 팔을 펴 금강합장(金剛合掌)이 어깨와 수평이 되도록 한다.

계속 숨을 들이마시며 금강합장(金剛合掌)을 새끼손가락부터 차례로 풀면서 안으로 틀어 손목·손등·손가락이 서로 닿게 하여 지대(地大)까지 내린 후 발목, 아랫배를 스치며 올린 다음 견심합장(堅心合掌)을 한다.

숨을 계속 들이마시며 견심합장(堅心合掌)을 견대(見大)로 올리며 새끼손가락부터 하나씩 간격을 벌린다.

엄지와 검지가 동시에 떨어지며 지식(止息)하고, 손은 어깨와 수평에서 상생인(上生印)을 맺는다. 지식(止息)은 30초(秒)에서 1분간 한다.

⇩

⇩

동작 3

숨을 일단 짧게 더 들이마시고 내쉬며 손을 지대(地大)로 내려 허심합장(虛心合掌)한다.

숨을 들이마시며 허심합장(虛心合掌)을 어깨와 수평이 되도록 한 후 팔꿈치를 접어 손목을 아래로 작은 원을 그리며 돌려서 견심합장(堅心合掌)한다. 돌릴 때 손목·손등·손가락을 붙인다.

　숨을 계속 들이마시며 견심합장(堅心合掌)을 새끼손가락부터 하나씩 벌리면서 앞으로 밀어내 어깨와 수평이 되도록 한 후, 엄지와 약지로 하품인(下品印)을 맺으며 숨을 멈추고 팔을 벌려 어깨와 수평이 되도록 한다. 이때 지식(止息)은 30초에서 1분간 한다.

동작 4

숨을 일단 짧게 더 들이마
신 뒤 내쉬며 양손이 밑으로
내려와 반차합장(反叉合掌)
한다.

숨을 들이마시며 반차합장
(反叉合掌)을 어깨와 수평이
되도록 한다.

숨을 계속 들이마시며 팔꿈치를 접은 후 반차합장(反叉合掌)을 풀어 왼손은 밖으로 오른손은 안으로 돌린다.

　계속 숨을 들이마시며 오른손은 일지인(一指印)을 맺어 우측 공대(空大)에 "ㄴ"자 모양을 하고, 왼손은 오른손 팔꿈치를 감싸듯이 돌린 후 수대(水大)에 하품인(下品印)을 맺는다.

　왼손이 오른손 팔꿈치에서 떨어질 때 지식(止息)을 하고, 일지인(一指印)을 맺을 때는 중지·약지·소지를 가지런하게 하고 엄지와 중지의 손끝을 닿게 한다.

일단 숨을 짧게 더 들이마
신 후 내쉬며 오른손 팔꿈치
를 펴 어깨수평이 되게 한
후 밑으로 내려와 왼손 위로
반차합장(反叉合掌)한다.

숨을 들이마시며 팔을 어깨 수평으로 올려 팔꿈치를 접은 후 반차합장(反叉合掌)을 풀어 왼손은 안쪽으로 오른손은 바깥쪽으로 돌린다.

　숨을 계속 들이마시며 왼손은 일지인(一指印)을 맺어 좌측 공대(空大)에 "ㄴ"자 모양을 하고, 오른손은 왼팔 팔꿈치를 감싸듯이 돌린 후 수대(水大)에 하품인(下品印)을 맺는다. 오른손이 왼팔 팔꿈치에서 떨어질 때 지식(止息)하고, 일지인(一指印)을 맺을 때 중지·약지·소지를 가지런하게 하고 엄지와 중지의 손끝을 닿게 한다.

숨을 일단 짧게 더 들이마시고 내쉬며 왼팔
팔꿈치를 펴서 어깨수평이 되게 한 후 밑으로
내려와 오른손 위로 반차합장(反叉合掌)한다.

숨을 들이마시며 손을 어깨수평으로 올려 팔꿈치를
접은 후 위로 올라가 견대(見大)에 위치한다.

　　숨을 계속 들이마시며 엄지손가락부터 차례로 벌려 새끼손가락을 엇걸어 준다. 양손이 중품인(中品印)을 맺어 새끼손가락을 풀며 숨을 멈춘 뒤 어깨 수평이 되게 한다.

동작 5

숨을 일단 짧게 더 들이마시고 내쉬며 양손이 밑으로 내려와 지대(地大)에서 왼손이 위로 향하게 교차한다.

다시 숨을 들이마시며 교차된 손을 원을 그리듯이 가슴 앞으로 올렸다가 다시 아래로 크게 돌려 엄지를 엇걸어 준다.

숨을 계속 들이마시며 팔꿈치를 펴서 앞으로 내밀어 교차시켜 새끼손가락부터 갈라져 큰 공을 잡아 몸쪽으로 당기듯이 한다.

새끼손가락부터 차례로 교차하면서 갈라지며 엄지가 떨어질 때 숨을 지식(止息)한다.

동작 6

숨을 일단 짧게 더 들이마신 뒤 내쉬며 양손이 큰 공을 어루만지듯 원을 그리며 밑으로 내려와 지대(地大)에 허심합장(虛心合掌)한다.

허심합장(虛心合掌)에서 바로 미개연합장(未開蓮合掌)으로 변한다.

숨을 들이마시며 미개연합장(未開蓮合掌)한 손을 어깨와 수평이 되도록 한다. 계속 숨을 들이마시고 팔꿈치를 접으며 활연합장(活蓮合掌)으로 변한 후 견대(見大)로 올라가며 노련합장(老蓮合掌)으로 변한다.

이때까지 계속 숨을 들이마시며 새끼손가락부터 차례로 갈라져 상품인(上品印)을 형성하여 떨어지며 숨을 지식(止息)한다.

동작 7

숨을 일단 짧게 더 들이마신 뒤 내쉬며 양손을 밑으로 내려 지대(地大)에서 오른손이 위로 향하게 교차한다.

다시 숨을 들이마시며 손을 원을 그리듯이 가슴 앞으로 올린다.

영동좌관 171

숨을 계속 들이마시며 팔을 한바퀴 돌려 오른손은 하품인(下品印)을 맺어 우측 공대(空大)에 "ㄴ"자 모양을 취하고, 왼손은 오른팔 팔꿈치를 감싸듯이 돌린 후 수대(水大)에 상품인(上品印)을 맺는다.

이때 숨은 왼손이 오른팔 팔꿈치에서 떨어질 때 지식(止息)한다.

숨을 일단 짧게 더 들이마신 후 내쉬며 오른팔의 팔꿈치를 펴서 어깨수평이 되게 한 후 양손을 밑으로 내려 왼손이 위로 향하게 교차한다.

다시 숨을 들이마시며 양팔을 원을 그리듯이 가슴 앞으로 올린다.

숨을 계속 들이마시며 양손을 한 바퀴 돌려 왼팔은 하품인(下品印)을 맺어 좌측 공대(空大)에 "ㄴ"자 모양을 하고, 오른손은 왼팔 팔꿈치를 감싸듯이 돌린 후 수대(水大)에 상품인(上品印)을 맺는다.

오른손이 왼팔 팔꿈치에서 떨어질 때 지식(止息)한다.

숨을 일단 짧게 더 들이마신 후 내쉬며 왼팔 팔꿈치를 펴서 어깨수평이 되게 한 후 밑으로 내려와 지대(地大)에 허심합장(虛心合掌)한다.

허심합장(虛心合掌)에서 바로 미개연합장(未開蓮合掌)으로 변하게 한다.

숨을 들이마시며 미개연합장(未開蓮合掌)한 손을 어깨와 수평이 되도록 한다.

숨을 계속 들이마시면서 팔꿈치를 접어 활연합장(活蓮合掌)을 한 후 다시 견대(見大)로 올리면서 노련합장(老蓮合掌)으로 변하게 한다.

숨을 멈추고 팔을 좌우로 갈라져 내린 후 어깨와 수평의 위치에서 하생인(下生印)을 맺는다.

동작 8

숨을 일단 짧게 더 들이마신 후 내쉬며 양손을 밑으로 내려 지대(地大)에서 노련합장(老蓮合掌)한다.

숨을 들이마시며 노련합장(老蓮合掌)한 손을 위로 올려 견대(見大)에 위치한다. 하단·중단(중단보다 약간 위)·상단 이렇게 세 번으로 나눠서 조금씩 멈추면서 올린다.

숨을 멈추고 팔꿈치를 접어 금강합장(金剛合掌)을 한 후 어깨수평으로 짜낸다.
　숨을 계속 지식(止息)한 상태에서 양손을 크게 뒤로 돌려 겨드랑 밑으로 나와 금강합장(金剛合掌)하여 앞으로 밀어낸다.(3회 반복한다)

　숨을 계속 멈추고 금강합장(金剛合掌)한 손으로 작은 원을 그리며 팔목을 돌려서 합장(合掌)을 했다가 양손 엄지손가락을 붙인 채 쌍장(雙掌)으로 전방(前方)을 향해 밀어내어 정지한다.

동작 9

숨을 일단 짧게 들이마시며 공대(空大)에 금강합장(金剛合掌)한다. 다시 숨을 내쉬며 금강합장(金剛合掌)을 수직으로 내리다 가슴높이에서 팔목에 힘이 들어가면 손바닥을 벌려 지대(地大)까지 내린 후 금강합장(金剛合掌)을 새끼 손가락부터 차례로 풀어 45도 정도 벌린다.

⇓

⇓

숨을 들이마시며 손을 안으로 모아 지대(地大)에서 금강합장(金剛合掌)을 한다.

숨을 계속 들이마시면서 팔이 굽어지지 않게 쭉 펴서 어깨와 수평이 되도록 올린 후에 팔꿈치를 접는다.

동작 9를 3회 반복한다. 3회 반복 후 기본준비자세 상태로 마무리한다.

영동좌관(靈動座觀)은 일회에서 끝나지 않고 여러번 반복해서 연습하는 것이 더 효과적이다.

영동좌관의 수인(手印)

상생인(上生印)

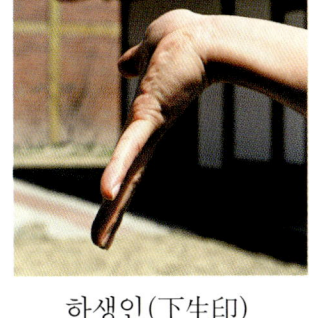

하생인(下生印)

상품인(上品印)

중품인(中品印)

하품인(下品印)

일지인(一指印)

靈영 靜정 行행 觀관

지대체(地大體)

　영정행관(靈靜行觀)은 수행적 차원에서 육대(六大)를 분류하여 행·주·좌·와·어·묵·동·정·반·공(行·住·坐·臥·語·默·動·靜·返·空) 등 구분 동작으로 구성되었다. 이는 밀교수행(密敎修行)의 기반인 동중정(動中靜)을 합리(合理)하여 전체 수련 과정의 모체(母體)로 삼고 있다.

　그 중 지대체(地大體)는 영정행관(靈靜行觀)의 일부로서 몸(體)을 수련하여 신·구·의(身·口·意)를 통일시켜 금강영관(金剛靈觀)의 궁극을 성찰하는 것이며 실질적으로 영동행관(靈動行觀)의 기본동작으로 응용된다.

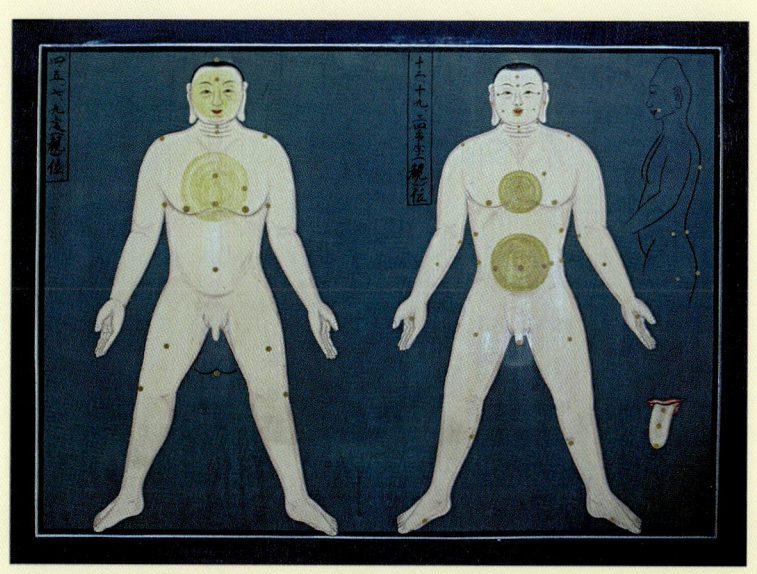

기본준비자세

숨(息) - 들이마심
손(手) - 공대(空大)에 허심합장(虛心合掌)
발(足) - 어깨 넓이로 11자(字)

1) 행 行

기본자세

동작 1

    숨을 내쉬며 몸의 중심을 낮추는 동시에 합장을 내리면서 가른 후 중지 끝을 대고 팔꿈치는 어깨와 수평이 되게 한다. 양발 끝을 바깥으로 일자(一字)로 틀며 무릎을 굽혀 금강립(金剛立)을 한다. 발 끝을 일자로 틀 때 힘들면 조금만 틀어 팔자(八字)로 해도 된다.

동작 2

숨을 계속 내쉬며 양팔을 내리면서 몸을 우측으로 90도 튼다. 상체를 틀 때 왼발은 앞축, 오른발은 뒤꿈치가 축이 된다.

동작 3

숨을 들이마시며 손을 모아 공대(空大)에 허심합장(虛心合掌)하고, 왼발을 발등으로 끌어 오른발 뒤꿈치 옆에 놓는다.

동작 4 동작 5

 숨을 내쉬며 합장한 손을 갈라서 왼손은 어깨 높이에 두고, 오른손은 우측 하복부에 위치한다. 발은 손과 동시에 발등으로 반원을 그리며 좌측으로 90도 이동하여 우후굴(右後屈)로 선다. 중심은 가운데 체중을 반(半)씩 나눈다.
 숨을 들이마시며 왼팔은 좌측 대퇴부로 내리고 오른팔은 팔꿈치를 굽혀 어깨 높이로 올린다.

동작 6

앞 동작을 연속 반복한다.

동작 7

숨을 멈추고 왼발을 뒤로 길게 빼내어 상체를 좌측으로 180도 틀어 좌전굴(左前屈) 자세를 취한다. 왼팔을 오른팔 밑으로 크게 교차하여 좌장(左掌)은 상단 45도로, 우장(右掌)은 하단 45도로 밀어낸다. 시선은 우측 후방 하늘을 주시한다.

동작 8

숨을 일단 짧게 더 들이마시며 가볍고 빠르게 상체를 우측으로 틀고 양팔은 어깨와 수평상태를, 발은 우전굴(右前屈) 자세를 취한다.

숨을 내쉬며 양팔을 내리고 왼발을 끌어와 어깨 넓이로 선다. 숨을 들이마시고 합장(合掌)한 손을 을 공대(空大)로 올려 호흡을 조절한 다음 반대로 행(行)한다.

행(行) 반대동작

기본자세

194 관선무

심인법(心印法)
으로 마무리한다.

2) 주住

기본자세

동작 1

 ⇨

 숨을 멈추고 왼발을 뒤로 길게 빼내어 상체를 좌측으로 180도 틀어 좌전굴(左前屈) 자세(姿勢)를 취한다. 합장한 손이 갈라져 왼팔을 오른팔 밑으로 크게 교차하되 좌장(左掌)은 상단 45도를, 우장(右掌)은 하단 45도로 밀어낸다. 이때 시선은 우측 후방(後方) 하늘을 주시한다.

동작 2

 숨을 내쉬며 양팔을 밑으로 내려 왼팔은 우측으로 오른팔은 좌측으로 큰 원을 그리듯이 돌려 좌측 어깨와 수평높이에 오게 하되 왼손이 위로 가게 교차한다. 시선은 교차한 손을 주시한다.

동작 3

　숨을 들이마시며 상체를 우측으로 틀어 우전굴(右前屈) 자세를 취한 후 숨을 멈추고 우장(右掌)은 어깨 높이에, 좌장(左掌)은 후방(後方) 하단으로 밀어낸다. 이때 어깨를 바르게 하고 시선은 우장(右掌)을 주시한다.

동작 4

숨을 일단 짧게 더 들이마시며 양팔을 어깨와 수평이 되게 한다.

동작 5

숨을 내쉬며 양팔을 내리고 왼발을 끌어와 어깨넓이로 선 다음 숨을 들이마시며 합장(合掌)한 손을 공대(空大)로 올려 호흡을 조절한 다음 반대로 행(行)한다.

동작 6

주(住) 반대동작

기본자세

영정행관

심인법(心印法)으로 마무리한다.

3) 좌坐

기본자세

동작 1

    숨을 내쉬며 몸의 중심을 낮추는 동시에 합장(合掌)한 손이 내려오며 갈라져 중지 끝을 대고 팔꿈치는 어깨와 수평이 되게 한다. 양발 끝을 바깥으로 일자(一字)로 틀며 무릎을 굽혀 금강립(金剛立)을 한다. 이때 발 끝을 일자(一字)로 틀 때 힘들면 조금만 틀어 팔자(八字)로 한다.

동작 2

숨을 들이마시며 양팔을 앞으로 내밀어 어깨와 수평으로 벌린다. 숨을 내쉬며 양팔을 앞으로 모아 중지를 닿게 해 가슴 앞으로 끌어 당긴다.

동작 3

동작 4

앞의 동작 1, 동작 2, 동작 3 등을 연속으로 2번 행한다.

동작 5

숨을 들이마시며 양손을 튕기듯이 위로 크게 돌려 뛰어 올라 기마자세로 착지하며, 양손을 겨드랑이 밑으로 짜내어 숨을 멈춘 뒤 쌍장(雙掌)을 전방(前方)으로 밀어낸다.

동작 6

숨을 일단 짧게 더 들이마시며 손을 견대(見大)에 합장하고, 왼발을 끌어와 어깨 넓이로 선다.

동작 7

심인법(心印法)으로 마무리한다.

4) 와 臥

기본자세

숨을 내쉬며 몸의 중심을 낮추는 동시에 합장한 손은 내려오며 갈라져 하복부에 기해합장하고, 양발 끝을 밖으로 일자(一字)로 틀며 무릎을 굽혀 금강립(金剛立)을 한다.

동작 1

동작 2

숨을 들이마시며 양손을 좌우로 내린 후 위로 올린다.
이 때 손바닥이 위를 향하게 서서히 뒤집어 어깨와 수평
이 되게 한 후 숨을 멈추고 새끼손가락을 들어 올린다.

동작 3

동작 1의 두번째 동작과 동작 2를 반복해서 두번 더 한다.

숨을 일단 짧게 더 들이마신 뒤 내쉬며 양손을 바로 하여 밑으로 내려 하복부에 기해합장(氣海合掌)한다.

동작 4

숨을 들이마시며 양손을 뒤로 크게 돌려 뛰어 올라 기마자세로 착지함과 동시에 손바닥으로 바닥을 짚고 상체를 바로 하며 양손을 위로 돌려 겨드랑이 밑으로 짜낸다.

숨을 멈추고 쌍장(雙掌)을 손끝이 아래로 향하게 하여 전방(前方)으로 밀어낸다.

동작 5

숨을 일단 짧게 더 들이마시며 손을 견대(肩大)에 합장하고, 왼발을 끌어와 어깨넓이로 선다.

동작 6

심인법(心印法)으로 마무리 한다.

5) 어 語

기본자세

동작 1

숨을 내쉬며 몸의 중심을 낮추는 동시에 합장한 손을 내린 후 갈라서 하복부에 기해합장하고, 양발 끝을 밖으로 일자(一字)로 틀며 무릎을 굽혀 금강립(金剛立)을 한다.

동작 2

숨을 들이마시며 양손을 좌우로 벌려 45도가 되게 한 다음 숨을 멈춘다. 숨을 일단 짧게 더 들이마신 뒤 내쉬며 손을 하복부에 기해 합장한다. 이를 반복하여 연속 3번 한다.

동작 3

"옴"하는 기합을 짧게 넣으며 기해합장(氣海合掌)을 지대(地大)로 내려 미개연합장(未開蓮合掌)으로 변화시킨다. 숨을 들이마신 후 "옴"진언을 길게 하며 팔을 어깨 수평으로 올린다.

동작 4

팔꿈치를 접으며 활연합장(活蓮合掌)을 했다가 견대(見大)로 올리며 노련합장(老蓮合掌)으로 변하게 한 뒤 숨과 "옴"의 기합을 멈춘다. 다시 손은 견대(見大)에서 노련합장(老蓮合掌)을 갈라 손목을 꺾어 위치한다.

동작 5

숨을 일단 짧게 더 들이마시며 손을 견대(見大)에 합장하고, 왼발을 끌어와 어깨넓이로 선다.

동작 6

심인법(心印法)으로 마무리한다.

6) 묵默

기본자세

숨을 내쉬며 합장(合掌)한 손이 내려와 갈라져 하복부에 기해합장(氣海合掌)하고, 손과 동시에 왼발을 뒤로 움직여 좌후굴(左後屈)로 선다.

숨을 들이마시며 오른팔을 어깨높이로 들어 올린다.

동작 1

동작 2

동작 1을 반복해서 두번 행한다.

동작 3

숨을 멈추고 좌장(左掌)을 앞으로 밀어내는 동시에 우장(右掌)이 뒤로 밀려오며 다시 우장(右掌)을 앞으로 밀어내며 좌장(左掌)이 뒤로 밀려온다.

동작 4

숨을 계속 멈추고 좌장(左掌)을 뒤로 펴서 어깨수평으로 돌려 전방(前方)에서 금강합장(金剛合掌)한다.

동작 5

숨을 계속 멈추고 상체를 뒤로 제치며 금강합장(金剛合掌)을 견대(見大)로 올렸다가 내리며 뒤집어 어깨수평에서 전방(前方)으로 밀어낸다.

동작 6

　숨을 일단 짧게 더 들이마시고 오른발을 앞으로 들어 올리는 동시에 합장(合掌)을 풀어 다리 밑으로 손바닥을 마주친 다음 숨을 내쉬며 양팔은 어깨와 수평이 되게 벌리며 오른발은 바닥에 딛고 왼쪽 다리는 무릎을 바닥에 닿도록 한다.

동작 7

숨을 들이마시며 머리와 상체를 뒤로 제치고 양손을 견대(肩大)로 올려 합장(合掌)한다.

숨을 내쉬며 상체를 쓰러지듯 앞으로 숙여 오른발을 빠르게 꺾어 발등이 바닥에 닿음과 동시에 합장(合掌)이 갈라져 어깨넓이로 팔을 펴 손바닥을 땅에 짚는다. 이때 숨은 내쉬어 지식(止息)하고 양손과 양발로만 체중을 지탱한다.

동작 8

숨을 일단 짧게 더 들이마시며 양손과 왼발을 당겨 모으고 숨을 내쉬며 어깨넓이로 일어선다. 다시 숨을 들이마시며 합장(合掌)을 공대(空大)로 올려 호흡을 조절한 다음 반대로 행(行)한다.

묵(默)-반대동작

기본자세

영정행관 223

224 관선무

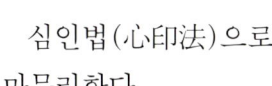
심인법(心印法)으로
마무리한다.

7) 동 動

기본자세

동작 1

동작 2

숨을 내쉬며 몸의 중심을 낮추는동시에 합장한 손이 내려오며 갈라져 중지 끝을 대고 팔꿈치는 어깨와 수평이 되게 한다. 양 발끝을 밖으로 일자(一字)로 틀며 무릎을 굽혀 금강립(金剛立)을 한다.

숨은 계속 내쉬며 몸을 우측으로 90도 튼다. 상체를 틀 때 왼발은 앞축 오른발은 뒤꿈치가 축이 된다.

동작 3 동작 4

　숨을 멈춘 채 뛰어올라 좌측으로 360도 회전하여 기마자세로 착지함과 동시에 양손은 하복부에 기해합장(氣海合掌)한다.

　숨을 들이마시며 왼손을 견대(見大)에 어깨와 수직으로 들어 올린다.

　숨을 내쉬며 왼손을 밑으로 내려 하복부에 기해합장(氣海合掌)한 뒤, 숨을 들이마시며 오른손을 견대(見大)에 어깨와 수직으로 들어 올린다.

동작 5

다시 동작 3과 같이 숨을 내쉬며 오른손을 밑으로 내려 하복부에 기해합장(氣海合掌)했다가 숨을 들이마시며 왼손을 견대(見大)에 어깨와 수직으로 들어 올린다.

동작 6

숨을 내쉬며 왼팔은 위에서 좌측 아래로, 오른팔은 밑에서 좌측 위로 돌려 우측 어깨 위에 오른손을 위로하여 교차하며. 왼발을 오른쪽 무릎 위로 들어 올린다.

몸의 중심을 더욱 낮추고 시선은 전방(前房)을 주시한다.

동작 7

 숨을 들이마시며 우측 무릎을 펴주며 왼발로 전방(前方)을 감아차고 기마자세로 선다. 동시에 교차된 두 팔을 전방 어깨수평으로 찌른 후 좌우로 쳐낸다.

동작 8

 숨을 내쉬며 오른발을 들어 올리고 동시에 오른손을 내려 손바닥으로 무릎 바깥을 친 후에 전방 어깨수평으로 올린다.

동작 9

숨을 들이마시며 왼팔은 밑에서 위로, 오른팔은 위에서 밑으로 크게 돌려 좌측 어깨 위에 왼손을 위로하여 교차한다. 이때 몸의 중심을 더욱 낮춘다.

동작 10

숨을 내쉬며 왼쪽 무릎을 펴고 오른발로 전방(前方)을 감아차며 기마자세로 서는 동시에 교차된 두 팔을 전방 어깨수평으로 찌른 후 좌우로 쳐낸다.

동작 11

숨을 멈추고 뛰어 오르며 양 손바닥으로 발과 무릎 바깥쪽을 치고 어깨수평으로 합장(合掌)한 다음 좌우로 쳐내며 기마자세로 착지한다.

동작 12

 숨을 들이마시며 왼발을 당겨 어깨넓이로 서며 견대(見大)에 합장한 후 공대(空大)로 내려 호흡을 조절한다.

동작 13

숨을 들이마시며 합장(合掌)한 손을 견대(見大)로 올리고, 숨을 내쉬며 양팔을 좌우로 내려 지대(地大)에 합장 한다. 숨을 들이마시며 합장(合掌)한 손을 공대(空大)로 올려 반대로 행(行)한다.

동(動) 반대동작

기본자세

 ⇨  ⇨

 ⇦  ⇦

⇩ ⇩

⇩ ⇩

영정행관

⇩

심인법(心印法)으로 마무리한다.

8) 정 靜

기본자세

숨을 들이마시며 허심합장(虛心合掌)을 어깨수평으로 벌리는 동시에 왼발을 가슴 높이로 들어 올린다.

숨을 내쉬며 왼발을 전방(前方)으로 밟아 좌전굴(左前屈) 자세를 취하며 양손을 전방(前方) 어깨높이에 소리내어 합장(合掌)한다.

동작 1

동작 2

동작 3

숨을 들이마시며 합장(合掌)한 손이 갈라져 손끝이 아래로 향하게 어깨 수평으로 벌리며 오른쪽 무릎을 바닥에 꿇어 앉는다.

동작 4

숨을 내쉬며 양손을 앞으로 모아 팔목에서 교차한 뒤 앞뒤로 장(掌)을 밀어내는 동시에 상체를 일으켜 세우며 왼발을 뒤로 빼 우전굴(右前屈) 자세를 취한다.

동작 5

숨을 들이마시며 왼팔은 좌측 뒤쪽 위를, 오른팔은 우측 뒤쪽 위로 돌리는 동시에 오른쪽 다리를 축으로 왼발을 발등으로 끌어 오른발 뒤꿈치 옆에 놓는다.

동작 6

숨을 내쉬며 양팔을 둥글게 하여 좌측 어깨 위에 위치하며 동시에 왼발을 반원을 그리며 좌측으로 내딛어 우후굴(右後屈)로 선다. 시선은 양손 사이로 본다.

동작 7 　　　　　　동작 8

동작 5와 동작 6을 반대로 행한다.

동작 9

숨을 들이마시며 오른발을 당겨 어깨넓이로 서서 견대(見大)에 합장한 후 공대(空大)로 내려 호흡을 조절한다.

동작 10

숨을 들이마시며 합장(合掌)한 손을 견대(見大)로 올렸다가 숨을 내쉬며 양팔을 좌우로 내려 지대(地大)에 합장한다.

계속 숨을 들이마시며 합장(合掌)을 공대(空大)로 올려 반대로 행(行)한다.

정(靜) 반대동작

기본자세

246 관선무

영정행관

심인법으로 마무리한다.

9) 반返

반(返)과 공(空)은 몇 동작을 제외하고는 한 동작마다 "옴"의 기합이 주입된다.

기본자세

동작 1

"옴"의 기합을 길게 넣으며 왼발을 뒤로 빼고 오른쪽 다리를 굽혀 낮게 앉음과 동시에 합장한 손이 내려와 갈라져 왼팔은 좌측 위를, 오른팔은 우측 위로 돌려 양팔을 둥글게 하여 좌측 어깨 위에 위치한다. 기합과 동작이 동시에 끝나며 팔은 최대한 원형이 되도록 하고 머리를 숙여 원안에 위치하도록 한다.

동작 2

숨을 들이마신 후 "옴"의 기합을 넣으며 왼팔을 내려 우측 위로 한바퀴 돌려 제자리에 위치한다.

동작 3

숨을 들이마신 후 "옴"의 기합과 함께 몸의 중심을 일으켜 우측으로 틀어 우전굴(右前屈) 자세를 취하며 동시에 왼팔은 위, 오른팔은 아래로 내려 우측 위로 돌려 양팔을 둥글게 하여 우측 어깨 위에 위치한다.

동작 4

    기합 없이 숨을 들이마시며 양팔을 펴서 위로 올려 견대(見大)에 합장(合掌)한 뒤 숨을 내쉬며 양발을 동시에 앞뒤로 펴서 일자(一字)가 되게 앉는다.

동작 5

기합 없이 숨을 들이마시며 상체를 뒤로 제치고 합장을 내려 허리를 짚는다.

동작 6

기합 없이 숨을 멈추고 양발을 동시에 당겨 모아 양손을 무릎 위에 얹는다.

동작 7

숨을 계속 멈추고 전방(前方) 어깨수평에 합장(合掌)을 소리내어 마주친 후 좌우로 쳐내고 뛰어 올라 좌측으로 180도 회전하여 착지하며 다시 합장(合掌)을 소리내어 마주친 후 좌우로 쳐낸다.

동작 8

숨을 들이마신 후 "옴"의 기합을 넣으며 상체를 일으켜 바로 서는 것과 동시에 양손을 밑으로 내려 다리를 스쳐 앞으로 올려 견대(見大)에 어깨와 수직으로 위치한다.

동작 9

기합 없이 숨을 들이마시며 왼발을 축으로 좌측으로 180도 회전하여 어깨넓이로 서며 견대(見大)에 합장한 후 식대(識大)로 내려 호흡을 조절한다.

동작 10

"옴" 기합을 넣으며 합장(合掌)을 견대(見大)로 올리고 양팔을 좌우로 내려 지대(地大)에 합장한다.

동작 11

"옴" 기합 없이 숨을 들이마시면서 합장(合掌)을 공대(空大)로 올린 후 반대로 행(行)한다.

반(返) - 반대 동작

기본자세

#

영정행관

258 관선무

영정행관 259

심인법으로 마무리한다.

10) 공 空

기본자세

동작 1

"옴" 기합을 넣으며 몸의 중심을 낮추고 동시에 합장(合掌)이 내려오며 갈라져 하복부에 기해합장(氣海合掌)한다. 양발 뒤꿈치를 안쪽으로 틀어 일자(一字)가 되게 발뒤꿈치를 붙이고 무릎은 원형이 되도록 한다.

동작 2

숨을 들이마신 후 "옴" 기합을 넣으며 동시에 합장(合掌)이 갈라져서 좌우로 올라가 견대(肩大)에 손끝을 닿게 하여 팔을 둥글게 만든다. 공(空) 수련할 때는 다리와 팔을 최대한 원형이 되도록 하며 시선은 손끝을 본다.

동작 3

숨을 들이마신 후 "옴" 기합을 넣으며 동시에 양손이 갈라져 좌우로 내려와 하복부에 손끝을 닿게 하여 팔을 둥글게 만든다.

동작 4

숨을 들이마신 후 "옴" 기합을 넣으며 동시에 양손이 갈라져 원을 그리면서 상체를 좌측으로 둥글게 숙이고 손끝을 닿게 하여 팔을 둥글게 만들어 좌측 어깨 위에 위치시킨다.

동작 5

　숨을 들이마신 후 "옴" 기합을 넣으며 동시에 양손이 교차되어 갈라져 원을 그리면서 상체를 우측으로 둥글게 숙이고 손끝을 닿게하여 팔을 둥글게 만들어 우측 어깨 위에 위치한다.

동작 6

　기합 없이 숨을 들이마시며 상체를 바로 세운 뒤 "옴" 기합을 넣으며 허리를 앞으로 숙이고 양손이 갈라져 내려와 손끝을 닿게 하여 팔을 둥글게 만든다.

동작 7

숨을 들이마신 후 "옴" 기합을 넣으며 동시에 양손을 좌우로 올린 후 등 뒤에서 손끝을 닿게 하여 팔을 둥글게 만든다.

동작 8

숨을 들이마신 후 "옴" 기합을 짧게 넣으며 뒤꿈치를 붙인 상태로 뛰어 올라 그대로 착지하는 동시에 양손을 각각 좌우로 올려 견대(見大)에 손끝을 닿게 하여 팔을 둥글게 만든다.

동작 9

기합 없이 숨을 들이마시며 발 뒤꿈치가 떨어져 어깨넓이로 서며 견대(見大)에 합장한 후 식대(識大)로 내려 호흡을 조절한다.

동작 10

"옴" 기합을 넣으며 합장(合掌)을 견대(見大)로 올리고 양팔을 좌우로 내려 지대(地大)에 합장한다.

동작 11

기합 없이 숨을 들이마시며 합장(合掌)을 공대(空大)로 올린 후 심인법(心印法)으로 마무리한다.

감사의 글

관선무 수련생들의 간절한 수련 교본 요청을 거절하지 못한 채 『觀禪武』를 출간하는 미숙(未熟)한 학인의 행동을 너그러이 용서해 주신 관선무 관주이신 은사 양익(兩翼) 큰스님의 한량없는 은혜와 선배 사형, 사제 스님들을 비롯한 사부대중 및 도움을 주신 모든 분들께 진심으로 감사드립니다.

  양익 큰스님의 가르침이 너무 방대하여, 박헌주 관장의 도움에도 불구하고 부득이 일부만을 게재하여 출간하게 됨을 널리 양해드립니다.

  『觀禪武』 교본 출간에 인연을 맺어 주신 모든 분들에게 부처님의 가피가 가득하시어 성불의 원력이 이루어지기를 축원드립니다.

  아울러 많은 이들이 관선무를 접하고 수행할 수 있도록 흔쾌히 책을 펴내준 〈운주사〉에도 감사드립니다.

광원 합장

佛教 金剛靈觀 規約

佛祖 以來의 傳統的인

靈肉一體의 高度한 修行方法을 參究하면서

上求菩提 下化衆生의

無上의 理念을 實現하기 爲하여

人間能力 無限力의 宇宙的 大我를

開顯 完成함을 主旨로

이제 佛敎 金剛靈觀 規約을 制定한다.

佛敎 金剛靈觀 觀主 兩翼

一. 沿革

1960년대 초 부산광역시 동래구 청룡동 546번지 禪刹大本山 梵魚寺 西持殿에 練修院 개설. 1977년 9월 5일 靑蓮庵 觀禪武道場으로 이전.

二. 目的

十方 三千大千世界 佛菩薩님의 加持力으로 五濁惡世의 無明煩惱를 除하고 나아가 佛子本然의 至上 목표인 萬法不二・歸一光靈・光靈大道의 無上 正等 正覺을 完成함을 목적으로 한다.

三. 修行

身・口・意 三密加持법과 止觀法 等을 行하되 靈動觀法 靈靜觀法 靈中觀法의 三重法으로 分한 深遠하고 새로운 方法을 取하여 不偏・不絕・無限하게 수행한다.

四. 觀位

地・水・火・風・空・識 六大의 體와 그에 依據한 乘・地에 各十의 觀位를 둔다.

관선무 수련원

청련암 관선무 총본산
- 주소 : 부산광역시 금정구 청룡동 546번지 범어사
- 전화 : 051-508-5556

금강선원 〈청련암 직할〉
- 주소 : 부산광역시 진구 전포 2동 139-1번지
- 전화 : 051-803-1043 원장 안도스님
- 홈페이지 : 다음 카페 / 금강선원

개운사 관선무
- 주소 : 서울특별시 성북구 안암동 5가 157번지 개운사
- 전화 : 02- 926-3181, 926-4069 011-561-7870 원장 광원스님
  cafe.daum.net/kwansunmu (다음 카페 / 관선무)

전국 비구니회관 관선무
- 주소 : 서울특별시 강남구 수서동 744번지
- 전화 : 02)733-5467 〈조계사〉 3411-8103~8 지도 광원스님
- 홈페이지 : kbiguni.kornet.net (다음 카페)

觀禪武

1판 1쇄 찍음/ 2002년 9월 5일
1판 1쇄 펴냄/ 2002년 9월 10일

엮은이/ 광원
펴낸이/ 김시열
펴낸곳/ 도서출판 운주사

사진/ 문나루
본문편집/ 초롱

출판등록/ 제2-754호
주소/ 서울 성북구 동소문동 6가 25-1 청송빌딩 3층
전화/ 02)926-8361, 팩스 926-8362

ISBN 89-85706-89-6 03220
값 15,000원

*잘못된 책은 바꾸어 드립니다.